BASIC STRUCTURES – Spanish

A *Reader for*

The Learnables®, Book 1

Blanca Sagarna

Harris Winitz

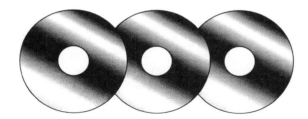

To Be Used With Audio Compact Discs

The index numbers are on the back side of the CD case.

 International Linguistics Corporation

12220 Blue Ridge Bvld., Suite G ✴ Kansas City, Missouri 64030-1175

www.learnables.com

1-800-237-1830

Artist

Syd Baker

Voice

Andrés M.Trimiño, Colombia

ISBN 1-887371-28-1

Basic Structures, Spanish, Book 1
Fourth Edition

Book to be used in conjunction with audio recordings

How to Take the Lessons

BASIC STRUCTURES, Spanish, Book 1 is the student reader for **THE LEARNABLES®, Spanish, Book 1.** In **BASIC STRUCTURES** the content of each lesson of **THE LEARNABLES®** is reviewed and expanded upon. Two important features of this reader are the exercises and the audio compact discs. The exercises assess the student's comprehension of the material presented in **THE LEARNABLES®, BOOK 1.** The audio compact discs provide the authentic pronunciation of the printed words.

Before students begin **BASIC STRUCTURES**, they should complete all 10 lessons of **THE LEARNABLES®, Book 1.** Reading is more easily learned when the meaning of words and the grammatical structures in which they appear are understood. **THE LEARNABLES®** teaches comprehension of vocabulary and grammar. **BASIC STRUCTURES** teaches reading, additional grammar and vocabulary. Therefore, we recommend that the student's program of study should be: **TAKE ALL TEN LESSONS OF THE LEARNABLES® FOLLOWED BY ALL TEN LESSONS OF BASIC STRUCTURES.** It is important to complete **THE LEARNABLES® 1** before beginning **BASIC STRUCTURES 1.**

The audio compact discs are to be used with each lesson. The **index numbers** or **track numbers** can be found on the **back side of the compact disc case.** Begin each lesson with the **Review** section, entitled **Repaso** in Spanish. In the **Repaso** section, the words in the corresponding lesson of **THE LEARNABLES®** are reviewed. Look at each picture, listen to the audio presentation, and read silently the text under the picture. Next comes the **Expansion** section, entitled **Ejercicio de ampliación.** In the **Ejercicio de ampliación** section, word usage and grammatical structures are further emphasized to assist you in the learning of Spanish. The last section contains the exercises. Each exercise has the heading **Ejercicio.** The exercises in this book involve some novel, but anticipated constructions. Students will find the exercises challenging in that they provide additional experience with the Spanish language. We recommend that all exercises be completed. Answers for all exercises are provided in the **Answer Key** section. It is recommended to listen to each lesson in **BASIC STRUCTURES** at least three times.

When you finish **BASIC STRUCTURES 1** you are ready for **SPANISH GRAMMAR ENHANCEMENT 1, LEARNABLES® 2,** and **BASIC STRUCTURES 2.**

Now please turn to page *i* and listen to the numbers.

INDICE

NUMBERS

Listen to the numbers at the beginning of the audio recording. Then stop the recorder. Read the instructions on the next page, page ii. After you read the instructions, turn the recorder on again and listen to Lessons 1 and 2.

11

12

11, 12

13

11, 12, 13

14

11, 12, 13, 14

15

11, 12, 13, 14, 15

16

11, 12, 13, 14, 15, 16

17

11, 12, 13, 14, 15, 16, 17

18

11, 12, 13, 14, 15, 16, 17, 18

19

11, 12, 13, 14, 15, 16, 17, 18, 19

20

11, 12, 13, 14, 15, 16, 17, 18, 19, 20

Instructions in Spanish and English

The following are the English translations for the Spanish instructions that are given in the textbook.

Repaso. Mire, escuche y lea.
Review. Look, listen, and read.

Ejercicio 1. Mire, escuche y lea. Lea las frases otra vez y escriba el número del dibujo en el espacio en blanco correspondiente.
Exercise 1. Look, listen, and read. Read the words again and write the correct number of the picture on the line.

Ejercicio 3. Mire, escuche y lea. Lea las palabras y las frases otra vez y escriba el número del dibujo en el espacio en blanco correspondiente.
Exercise 3. Look, listen, and read. Read the words and sentences again and write the correct number of the picture on the line.

Repaso 3. Ejercicio de ampliación. Mire, escuche y lea.
Review 3. Expansion. Look, listen, and read.

Ejercicio 5. Mire, escuche y lea. Lea el párrafo otra vez y escriba la letra correcta en el espacio en blanco correspondiente.
Exercise 5. Look, listen and read. Read the paragraph again and write the correct letter on the line.

Ejercicio 10. Mire, escuche y lea. Lea el párrafo otra vez y conteste las preguntas.
Exercise 10. Look, listen, and read. Read the paragraph again and answer the questions.

The Completion Exercises that appear at the end of each lesson will not be said on the tape.   The instructions for the completion exercises are as follows:

Ejercicio 5. Ejercicio de completar. Rellene el espacio en blanco con la palabra correcta.
Exercise 5. Completion. Write in the correct word.

Lecciones 1 y 2

Repaso. Mire, escuche y lea.

1. El huevo está sobre la mesa.

2. El lápiz está sobre la manzana.

3. El médico está comiendo el pan.

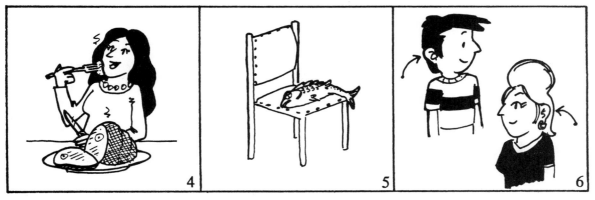

4. La señora está comiendo la carne.

5. El pescado está sobre la silla.

6. La oreja del niño. La oreja de la señora.

7. La mano del médico. La mano de la señora.

8. El tenedor pequeño. El avión grande. La casa pequeña.

9. El automóvil pequeño. El automóvil grande. La taza grande.

**Ejercicio 1. Mire, escuche y lea. Lea las frases otra vez y escriba el número
del dibujo en el espacio en blanco correspondiente.**

Ejemplo

La silla __2__

El pescado __1__

1. La mano grande _____

2. La mano pequeña _____

3. La taza grande _____

4. La silla grande _____

5. La taza pequeña _____

6. La silla pequeña _____

**Ejercicio 2. Mire, escuche y lea. Lea las palabras y las frases otra vez y escriba
el número del dibujo en el espacio en blanco correspondiente.**

1. La mano del médico _____

2. La mano del niño _____

3. La oreja de la señora _____

4. La oreja del médico _____

5. La mano de la señora
está sobre la mesa. _____

6. La taza está en la mano del médico. _____

Ejercicio 3. Mire, escuche y lea. Lea las palabras y las frases otra vez y escriba el número del dibujo en el espacio en blanco correspondiente.

1. El lápiz está sobre el huevo. _____

2. La oreja del niño _____

3. El médico está comiendo el pan. _____

4. El médico está comiendo la carne. _____

5. La mesa y la manzana _____

6. La taza pequeña _____

Ejercicio 4. Mire, escuche y lea. Lea las palabras y las frases otra vez y escriba el número del dibujo en el espacio en blanco correspondiente.

1. El tenedor está sobre la taza grande. _____

2. El pan y la carne _____

3. La mano del niño _____

4. La taza grande _____

5. El niño está comiendo el huevo. _____

6. La señora está comiendo la manzana. _____

Ejercicio 5. Ejercicio de completar. Rellene el espacio en blanco con la palabra correcta.

Ejemplo

manzana   sobre
es

1. El médico está comiendo la <u>manzana</u>.

2. La taza está <u>sobre</u> la mesa.

---

en   está comiendo
niño   mesa
y   es

1. El médico _____ el huevo.

2. La señora está _____ la casa.

3. El pescado está sobre la _____.

4. El _____ está comiendo.

5. La señora está comiendo la manzana _____ el huevo.

Lecciones 3 y 4

Repaso. Mire, escuche y lea.

1. La camisa está sobre la mesa. La corbata está sobre la silla. El vestido está sobre la mesa.

2. La niña está bebiendo el agua. El hombre está bebiendo el café. La señora está bebiendo el café. El niño está bebiendo el agua. El menú está sobre la mesa.

3. El cuchillo está sobre el plato. El vaso está sobre la mesa. La cuchara está en la taza. La carne está en el plato. La taza está en el tazón.

4. El hombre está comiendo la banana debajo del árbol. La niña está comiendo el pescado debajo del árbol.

5. El autobús está en la calle. El automóvil está en la calle. La señora está en el automóvil.

6. El camarero pone el plato de carne sobre la mesa.

7. La señora bebe el café. El niño pone la banana sobre el plato. El hombre come la carne y bebe el café. "Camarero, más café."

8. El camarero pone la taza de café sobre la mesa.

9. El hombre come la carne y bebe el café.

Ejercicio 1. Mire, escuche y lea. Lea las palabras otra vez y escriba el número del dibujo en el espacio en blanco correspondiente.

1. Un vaso de agua _____

2. Una taza de café _____

3. Un plato de carne _____

4. Un tazón de agua _____

5. La mesa del médico _____

6. La mesa de la señora _____

Ejercicio 2. Mire, escuche y lea. Lea las frases otra vez y escriba el número del dibujo en el espacio en blanco correspondiente.

1. El lápiz está sobre la taza. _____

2. El lápiz está en la taza. _____

3. El lápiz está debajo de la taza. _____

4. El plato de carne está sobre la mesa. _____

5. El plato de carne está debajo de la mesa. _____

6. El huevo está sobre el plato. _____

Ejercicio 3. Mire, escuche y lea. Lea las frases otra vez y escriba el número del dibujo en el espacio en blanco correspondiente.

1. El camarero trae el huevo. _____

2. Después, el camarero pone el huevo sobre la mesa. _____

3. Y después, el hombre come el huevo. _____

Ejercicio 4. Mire, escuche y lea. Lea las frases otra vez y escriba el número del dibujo en el espacio en blanco correspondiente.

1. "Más café." _____

2. El camarero trae más café. _____

3. Después, el camarero pone el café sobre la mesa. _____

Ejercicio 5. Mire, escuche y lea. Lea las frases otra vez y escriba el número del dibujo en el espacio en blanco correspondiente.

1. El agua está en el vaso. _____

2. La cuchara está sobre el lápiz. _____

3. La mano del niño está sobre la mesa. _____

4. El camarero pone el lápiz sobre la silla. _____

5. El avión está sobre el huevo. _____

6. El automóvil está sobre el autobús. _____

7. La señora está en el vaso. _____

8. La niña está comiendo la banana. _____

9. El plato está sobre el niño, el tazón está sobre el plato y el niño está debajo del árbol. _____

Ejercicio 6. Mire, escuche y lea. Lea las palabras otra vez y escriba el número del dibujo en el espacio en blanco correspondiente.

1. La banana _____

2. La manzana _____

3. El pan _____

4. El huevo _____

5. La carne _____

6. El pescado _____

7. El agua _____

8. El café _____

9. La mano _____

Ejercicio 7. Mire, escuche y lea. Lea las palabras otra vez y escriba el número del dibujo en el espacio en blanco correspondiente.

1. El plato _____

2. La cuchara _____

3. El tenedor _____

4. El cuchillo _____

5. El tazón _____

6. El vaso _____

7. La taza _____

8. El automóvil _____

9. El autobús _____

Ejercicio 8. Mire, escuche y lea. Lea las palabras otra vez y escriba el número del dibujo en el espacio en blanco correspondiente.

1. El hombre _____

2. La niña _____

3. El niño _____

4. El camarero _____

5. El menú _____

6. El vestido _____

7. La corbata _____

8. La camisa _____

9. El lápiz _____

Ejercicio 9. Mire, escuche y lea. Lea las palabras otra vez y escriba el número del dibujo en el espacio en blanco correspondiente.

1. La silla _____

2. La casa _____

3. La calle _____

4. La señora _____

5. El avión _____

6. La mesa _____

7. El médico _____

8. El lápiz _____

9. El árbol _____

Ejercicio 10. Ejercicio de completar. Rellene el espacio en blanco con la palabra correcta.

grande	pone
en	calle
más	bebe

1. El autobús está en la _____.

2. El camarero _____ el plato sobre la mesa.

3. El automóvil está _____ la calle.

4. "Camarero, _____ carne."

5. La camisa es _____.

Ejercicio 11. Ejercicio de completar. Rellene el espacio en blanco con la palabra correcta.

de	en
la	del médico
autobús	más

1. La corbata está sobre _____ silla.

2. El tenedor _____ está sobre la mesa.

3. La taza _____ café está sobre la mesa.

4. La cuchara está _____ el tazón.

5. El _____ está en la calle.

Lecciones 5 y 6

Repaso 1. Mire, escuche y lea.

1. El piloto gordo y el policía delgado están comiendo espaguetis. El perro grande está debajo de la mesa.

2. El hombre delgado tiene hambre. El está comiendo un plato de espaguetis, un plato de carne, helado, un huevo, una manzana y una banana.

3. "Camarero, otro huevo y más café, por favor."

4. El camarero trae otro huevo y más café.

5. El bombero está comiendo espaguetis y la señora está comiendo carne. El camarero trae otro plato de espaguetis y una taza de café.

6. Todos están comiendo espaguetis. El hombre, la señora, el bombero, el piloto, la niña, el niño y el médico están comiendo espaguetis.

Repaso 2. Mire, escuche y lea.

1. El automóvil, el autobús y el automóvil de la policía están en la calle. El policía sale del automóvil de la policía. Un hombre entra en otro automóvil. Es delgado.

2. La señora maneja un autobús grande. El hombre maneja un autobús pequeño. El hombre está comiendo un huevo.

3. El hombre ve el fuego. "Fuego, fuego." Los bomberos vienen.

4. "Adiós."

5. El piloto pilota el avión.

6. El ve el fuego.

Repaso 3. Mire, escuche y lea.

1. La chaqueta es demasiado pequeña y los pantalones demasiado grandes.

2. Los pantalones son demasiado pequeños y la chaqueta demasiado grande.

3. Todos se ríen. El vendedor se ríe, el policía se ríe, la señora se ríe, el piloto se **ríe** y la niña se ríe.

4. "La chaqueta y los pantalones le están bien."

5. Una señora compra un vestido.

6. Un hombre compra una camisa.

Ejercicio 1. **Mire, escuche y lea. Lea las frases otra vez y escriba el número del dibujo en el espacio en blanco correspondiente.**

1. La señora tiene hambre. La señora está comiendo un huevo, carne y helado. _____

2. El hombre tiene hambre. El está comiendo un huevo, carne y helado. _____

3. El niño tiene hambre. El está comiendo un helado. _____

4. La señora tiene hambre. La señora está comiendo un huevo, pan y un helado. _____

5. El hombre delgado tiene hambre. El está comiendo pescado. _____

6. El hombre gordo tiene hambre. El está comiendo espaguetis. _____

Ejercicio 2. Mire, escuche y lea. Lea las frases otra vez y escriba el número del dibujo en el espacio en blanco correspondiente.

1. Todos se ríen. El automóvil es demasiado pequeño y los pantalones son demasiado grandes. _____

2. El policía ve al perro. _____

3. El perro ve el incendio. _____

4. El piloto maneja el automóvil. _____

5. La señora pilota el avión. _____

6. El médico maneja el automóvil. _____

Ejercicio 3.   Mire, escuche y lea.   Lea las frases otra vez y escriba el número del dibujo en el espacio en blanco correspondiente.

1. El bombero ve la cuchara sobre la mesa y al perro debajo de la mesa. _____

2. El bombero ve al perro sobre la mesa y la cuchara sobre la mesa. _____

3. Todos comen. _____

4. El camarero trae más café. _____

5. El pone el café sobre la mesa. _____

6. El policía bebe el café. _____

Ejercicio 4. Mire, escuche y lea. Lea las frases otra vez y escriba el número del dibujo en el espacio en blanco correspondiente.

1. El hombre come un huevo. _____

2. Después, él come otro huevo. _____

3. La señora come una banana. _____

4. Después, la señora come otra banana. _____

5. El camarero pone una taza de café sobre la mesa. _____

6. Después, el camarero pone otra taza de café sobre la mesa. _____

Ejercicio 5. Mire, escuche y lea. Lea las frases otra vez y escriba el número del dibujo en el espacio en blanco correspondiente.

1. El piloto ve un incendio. _____

2. Después, el piloto ve otro incendio. _____

3. Todos comen una manzana. _____

4. Después, todos comen otra manzana. _____

Ejercicio 6. Mire, escuche y lea. Lea las frases otra vez y escriba el número del dibujo en el espacio en blanco correspondiente.

1. "Unos pantalones, por favor." _____

2. El vendedor trae los pantalones. _____

3. Los pantalones son grandes. _____

4. El vendedor trae otros pantalones. _____

5. Los pantalones son demasiado pequeños. _____

6. El vendedor trae más pantalones. Una señora se ríe. _____

7. Todos se ríen. _____

8. Los pantalones le están bien. _____

9. El hombre compra los pantalones. _____

Ejercicio 7. Mire, escuche y lea. Lea las frases otra vez y escriba el número del dibujo en el espacio en blanco correspondiente.

1. El camarero entra en el automóvil de la policía. _____

2. El camarero maneja el automóvil de la policía. _____

3. El camarero sale del automóvil de la policía. _____

4. El piloto entra en el avión. _____

5. El piloto pilota el avión. _____

6. El piloto sale del avión. _____

Ejercicio 8. Mire, escuche y lea. Lea las frases otra vez y escriba el número
del dibujo en el espacio en blanco correspondiente.

1. La camisa es demasiado pequeña. _____

2. La camisa es demasiado grande. _____

3. La camisa le está bien. _____

4. La chaqueta es demasiado grande. _____

5. La chaqueta es demasiado pequeña. _____

6. La chaqueta le está bien. _____

Ejercicio 9. Mire, escuche y lea. Lea las frases otra vez y escriba el número del dibujo en el espacio en blanco correspondiente.

1. La señora ve el incendio. _____

2. "¡Fuego, fuego!" _____

3. Un bombero viene. _____

4. Los bomberos vienen. _____

5. El piloto ve el incendio. _____

6. El perro ve el incendio. _____

Ejercicio 10. Mire, escuche y lea. Lea las frases otra vez y escriba el número del dibujo en el espacio en blanco correspondiente.

1. El hombre ve al perro. _____

2. El perro ve al hombre. _____

3. El camarero ve al policía. _____

4. El policía ve al bombero. _____

5. Una señora ve a un policía. _____

6. El policía ve a una señora delgada. _____

Ejercicio 11. Mire, escuche y lea. Lea las frases otra vez y escriba el número del dibujo en el espacio en blanco correspondiente.

1. El policía está comprando café. _____

2. El bombero está comprando una manzana. _____

3. La señora está comprando un vestido. _____

4. El médico está comprando una camisa. _____

5. El hombre está comprando una chaqueta. _____

6. La niña está comprando un helado. _____

Ejercicio 12. Mire, escuche y lea. Lea las palabras otra vez y escriba el número del dibujo en el espacio en blanco correspondiente.

1. Un camarero delgado _____

2. Una señora gorda _____

3. Un policía gordo _____

4. Un bombero gordo _____

5. Una señora delgada _____

6. Un piloto delgado _____

7. Un perro gordo _____

8. Un vendedor gordo _____

9. Un camarero gordo _____

Ejercicio 13. Ejercicio de completar. Rellene el espacio en blanco con la palabra correcta.

él	otra
comprando	manejando
sale	come

1. La señora está _____ el automóvil de la policía.

2. El hombre tiene hambre. "Camarero, _____ taza de café, por favor."

3. Un niño y una niña están _____ pan.

4. _____ ve a los bomberos.

5. El perro _____ del automóvil.

Ejercicio 14. Ejercicio de completar. Rellene el espacio en blanco con la palabra correcta.

todos	chaqueta
entra	bien
del	trae

1. _____ están en el automóvil.

2. La niña _____ en el automóvil.

3. El vendedor _____ los pantalones.

4. La _____ está sobre la silla.

5. La señora sale _____ autobús.

Lección 7

Repaso 1. Mire, escuche y lea.

1. El avión despega. Un piloto pilota el avión.

2. El bebé está en el avión

3. El bebé está llorando.

4. El bebé está enfermo. La madre le pone el termómetro al bebé en la boca.

5. El bebé tiene fiebre.

6. El bebé sigue llorando.

7. La madre besa la oreja del bebé.

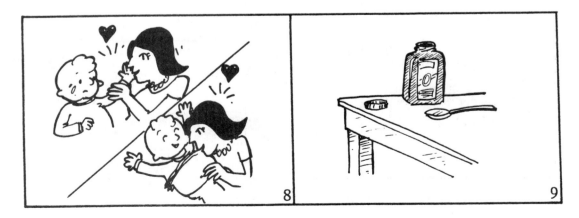

8. Ella besa la mano del bebé y besa el pecho del bebé.

9. El frasco del remedio está sobre la mesa.

Repaso 2. Mire, escuche y lea.

1. La comida del hombre delgado está sobre la mesa.

2. El tiene hambre. Está comiendo carne y una papa.

3. El hombre gordo está comiendo espaguetis.

4. El hombre gordo está enfermo.

5. El médico pone el frasco del remedio sobre la mesa.

6. Después, el médico se ríe.

Repaso 3. Mire, escuche y lea.

1. Los zapatos del bebé están debajo de la cama.

2. La camisa del bebé está sobre la cama.

3. El bebé está en la cama.

Ejercicio de ampliación. Mire, escuche y lea.

1. La madre pone el termómetro sobre la mesa.

2. La madre se pone el termómetro.

3. La madre le pone el termómetro al bebé.

4. El bebé le quita el frasco a la madre.

5. La madre le quita el frasco del remedio. El bebé llora.

6. La madre le quita la chaqueta al médico.

7. La madre pone la chaqueta sobre la silla.

8. La madre se quita el vestido.

9. La madre pone los pantalones sobre la cama.

Ejercicio 1. Mire, escuche y lea. Lea las frases otra vez y escriba el número del dibujo en el espacio en blanco correspondiente.

1. El piloto entra en el avión. _____

2. El avión despega. _____

3. El piloto pilota el avión. _____

4. Una señora come carne y papas. _____

5. El perro está en el avión. Todos se ríen. _____

Ejercicio 2. **Mire, escuche y lea. Lea las frases otra vez y escriba el número del dibujo en el espacio en blanco correspondiente.**

1. El bebé está bebiendo un vaso de agua. _____

2. Los zapatos del bebé están debajo de la mesa. _____

3. El remedio del bebé y el termómetro están sobre la mesa. _____

4. La niña está llorando. Ella está enferma. _____

5. El termómetro está en la mano de la madre. _____

6. Ella le pone el termómetro al bebé en la boca. _____

7. El bebé tiene fiebre. _____

8. La madre besa el pecho del bebé. _____

9. La madre besa la oreja del bebé. _____

Ejercicio 3. Mire, escuche y lea. Lea las frases otra vez y escriba el número del dibujo en el espacio en blanco correspondiente.

1. El hombre está comiendo un huevo. _____

2. El hombre está comiendo otro huevo. _____

3. La señora está comiendo una banana. _____

4. La señora está comiendo otra banana. _____

5. El camarero pone una taza de café sobre la mesa. _____

6. El camarero pone otra taza de café sobre la mesa. _____

7. El piloto ve un incendio. _____

8. El piloto ve otro incendio. _____

9. Todos comen una manzana. _____

10. Después, todos comen otra manzana. _____

11. La madre le pone un zapato al bebé. _____

12. La madre le pone el otro zapato al bebé. _____

Ejercicio 4. Mire, escuche y lea. Lea las frases otra vez y escriba el número del dibujo en el espacio en blanco correspondiente.

1. El remedio está en el frasco. _____

2. El remedio está en la cuchara. _____

3. El remedio está en la boca del bebé. _____

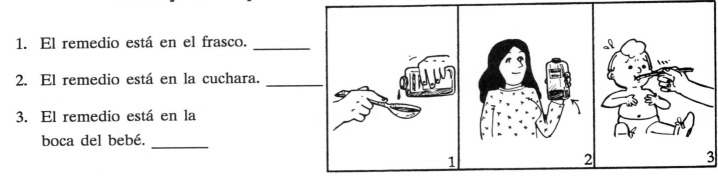

Ejercicio 5. Mire, escuche y lea. Lea las frases otra vez y escriba el número del dibujo en el espacio en blanco correspondiente.

1. El hombre gordo tiene hambre. El está comiendo espaguetis. _____

2. Otro hombre gordo tiene hambre. El está comiendo papas. _____

3. La señora delgada tiene hambre. Ella está comiendo pescado. _____

4. El niño pequeño tiene hambre. El está comiendo pan. _____

5. La señora gorda tiene hambre. Ella está comiendo carne. _____

6. El bombero tiene hambre. El está comiendo un huevo. _____

7. El médico pequeño tiene hambre. El está comiendo una banana. _____

8. El vendedor tiene hambre. El está comiendo pescado. _____

9. El niño gordo está comiendo helado. _____

Ejercicio 6. Mire, escuche y lea. Lea las frases otra vez y escriba el número del dibujo en el espacio en blanco correspondiente.

1. La camisa está sobre la cama. _____

2. El se pone la camisa. _____

3. Los pantalones y la chaqueta están sobre la silla. _____

4. El se pone la chaqueta. _____

5. El besa a la señora. _____

6. "Adiós." _____

Ejercicio 7. Mire, escuche y lea. Lea las palabras otra vez y escriba el número del dibujo en el espacio en blanco correspondiente.

1. La papa _____

2. Las papas _____

3. El zapato _____

4. Los zapatos _____

5. El bombero _____

6. Los bomberos _____

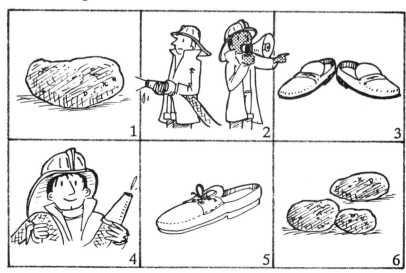

Ejercicio 8. Mire, escuche y lea. Lea las frases otra vez y escriba el número del dibujo en el espacio en blanco correspondiente.

1. El hombre gordo tiene hambre. El camarero trae el menú. _____

2. El pone el menú sobre la mesa. _____

3. "Camarero, carne y papas, por favor." _____

4. El hombre gordo sigue teniendo hambre. "Más comida, por favor." _____

5. El camarero trae más carne y más papas. El se ríe. _____

6. El hombre gordo está enfermo. _____

7. "Un remedio, por favor." _____

8. El camarero trae el remedio. _____

9. El camarero le pone el remedio al hombre gordo en la boca.
   Todos se ríen. _____

Ejercicio 9. **Mire, escuche y lea. Lea las frases otra vez y escriba el número del dibujo en el espacio en blanco correspondiente.**

1. La camisa está sobre la mesa. _____

2. La comida está sobre la mesa. _____

Ejercicio 10. **Mire, escuche y lea. Lea las frases otra vez y escriba el número del dibujo en el espacio en blanco correspondiente.**

1. El bebé está llorando. _____

2. La madre le pone el termómetro al bebé en la boca. _____

3. El bebé tiene fiebre. _____

4. La madre le pone el remedio al bebé en la boca. _____

5. Ella besa la mano del bebé. _____

6. El bebé se ríe. _____

Ejercicio 11. Mire, escuche y lea. Lea las frases otra vez y escriba el número del dibujo en el espacio en blanco correspondiente.

1. La madre le quita la camisa al bebé. _____

2. Ella le pone otra camisa al bebé. _____

3. La madre le pone los zapatos al bebé. _____

4. El hombre se quita la chaqueta. _____

5. El vendedor trae otra chaqueta. _____

6. El hombre se pone otra chaqueta. _____

Ejercicio 12. Mire, escuche y lea. Lea las frases otra vez y escriba el número del dibujo en el espacio en blanco correspondiente.

1. El bebé está llorando. _____

2. La madre besa la mano del bebé. El bebé sigue llorando. _____

3. La madre besa la oreja del bebé. El bebé sigue llorando. _____

4. La madre besa el pecho del bebé. _____

5. El bebé se ríe. _____

6. La madre se ríe. _____

Ejercicio 13. Mire, escuche y lea. Lea las frases otra vez y escriba el número del dibujo en el espacio en blanco correspondiente.

1. La mano del médico _____

2. La boca del bebé _____

3. La boca de la madre _____

4. La oreja del bebé _____

5. El pecho del niño _____

6. El pecho del bebé _____

7. El pecho del hombre gordo _____

8. El pecho del hombre delgado _____

9. La boca del policía _____

Ejercicio 14. Mire, escuche y lea. Lea las frases otra vez y escriba el número del dibujo en el espacio en blanco correspondiente.

1. El policía tiene fiebre. _____

2. El camarero tiene fiebre. _____

3. El hombre delgado tiene fiebre. _____

4. El hombre gordo tiene fiebre. _____

5. La señora tiene fiebre. _____

6. Todos tienen fiebre. _____

Ejercicio 15. Ejercicio de completar. Rellene el espacio en blanco con la palabra correcta.

comida	sobre
cama	ve
boca	despega

1. El bebé _____ al perro.

2. El termómetro está _____ la mesa.

3. La banana, la manzana, la papa y la carne son _____.

4. El bebé está enfermo. Está en la _____.

5. El avión _____.

Lección 8

Repaso 1.   Mire, escuche y lea.

1.   El padre mira debajo de la cama.   Ve al perro.   El perro está durmiendo debajo de la cama.

2.   El perro corre a otra habitación.

3.   La madre ve al perro.

4.   "¿Dónde está el perro?"

   "El perro está aquí.   El está debajo de la mesa."

5.   El perro tropieza con el bebé.

6.   La madre levanta al bebé y el padre levanta al perro.

Repaso 2. Mire, escuche y lea.

1. La señora está en una tienda de ropa.
   La vendedora trae un sombrero.

2. La señora se pone el sombrero.
   El sombrero le está bien.

3. Se quita el sombrero.

4. Compra el sombrero.

Repaso 3. Mire, escuche y lea.

1. El padre abre la puerta.

2. El padre está en una tienda de comida. El está comprando leche y pan.

3. El padre maneja el automóvil hacia la casa.

4. El padre llega a la casa.

5. El padre abre la puerta.

6. El padre tiene sed. El bebe un vaso de leche.

7. La madre tiene hambre. Pone la mantequilla sobre la mesa.

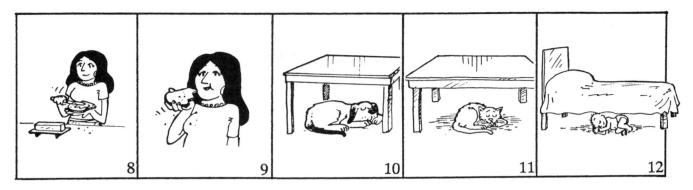

8. Pone la mantequilla en el pan.

9. Come el pan.

10. El perro está durmiendo debajo de la mesa.

11. El gato está durmiendo debajo de la mesa.

12. El bebé está durmiendo debajo de la cama.

Repaso 4.   Mire, escuche y lea.

1. El está comiendo pan.

2. Ella está comiendo pan.

3. El está manejando un automóvil.

4. Ella está manejando un automóvil.

5. El está pilotando un avión.

6. Ella está pilotando un avión.

7. Ella está comprando un vestido.

8. El está comprando unos pantalones.

9. Ella es la madre. El es el padre.

Repaso 5. Mire, escuche y lea.

1. El tiene sed. El bebe agua.

2. El tiene sed todavía. El bebe otro vaso de agua.

3. El tiene hambre. El come una banana.

4. Ella tiene sed. Ella bebe leche.

5. El tiene hambre. El come una manzana.

6. El tiene hambre todavía. El come pescado y un huevo.

Repaso 6. Mire, escuche y lea.

1. El hombre está enfermo.

2. La señora le pone un termómetro al hombre en la boca.

3. La señora tiene un remedio.

4. La señora le pone el remedio al hombre en la boca.

Ejercicio de ampliación. Mire, escuche y lea.

1. El bebé tropieza con el perro.

2. El bebé llora.

3. La madre levanta al bebé.

4. Ella corre hacia la mesa.

5. Ella toma los sombreros.

6. Ella pone los sombreros sobre la mesa. El gato está debajo de la mesa.

Ejercicio 1. Mire, escuche y lea. Lea las frases otra vez y escriba el número del dibujo en el espacio en blanco correspondiente.

1. Ella pone el pan sobre la mesa. _____

2. Ella pone la mantequilla en el pan. _____

3. Ella come el pan. _____

Ejercicio 2. Mire, escuche y lea. Lea las frases otra vez y escriba el número del dibujo en el espacio en blanco correspondiente.

1. La señora está en una tienda de ropa. _____

2. La vendedora trae un sombrero. _____

3. La señora se pone el sombrero. _____

4. El sombrero es demasiado grande. _____

5. Ella se quita el sombrero. _____

6. La vendedora trae un vestido. _____

7. El vestido es demasiado pequeño. _____

8. La vendedora trae otro vestido. _____

9. El vestido le está bien. _____

Ejercicio 3.   Mire, escuche y lea.   Lea las frases otra vez y escriba el número del dibujo en el espacio en blanco correspondiente.

1. Ella tropieza con la mesa. _____

2. Ella toma los sombreros. _____

3. Ella pone los sombreros sobre la mesa. _____

Ejercicio 4.   Mire, escuche y lea.   Lea las frases otra vez y escriba el número del dibujo en el espacio en blanco correspondiente.

1. El hombre gordo tiene hambre.   Un camarero trae el pan. _____

2. Otro camarero pone mantequilla en el pan. _____

3. El hombre gordo come pan, carne, una papa, helado y pescado. _____

4. El hombre gordo ve al camarero. _____

5. El camarero viene hacia la mesa. _____

6. El hombre mira al camarero.   "Más carne y pan y una taza de café." _____

Ejercicio 5. Mire, escuche y lea. Lea el párrafo otra vez y escriba la letra correcta en el espacio en blanco correspondiente.

El padre y la madre están comiendo. El bebé está durmiendo debajo de la mesa. El perro está sobre la silla. El perro tiene una cuchara en la boca. El cuchillo está en el vaso. El vaso está en el plato.

1. ¿Dónde está el vaso? _____   A. Debajo de la mesa.

2. ¿Dónde está el perro? _____   B. En el vaso.

3. ¿Dónde está el bebé? _____   C. En el plato.

4. ¿Dónde está el cuchillo? _____   D. Sobre la silla.

Ejercicio 6. Mire, escuche y lea. Lea las frases otra vez y escriba el número del dibujo en el espacio en blanco correspondiente.

1. El bebé está en la cama.
   El está durmiendo. _____

2. El perro está sobre la silla.
   El está durmiendo. _____

3. La madre está en la cama.
   Ella está durmiendo. _____

4. El padre está en la cama.
   El está durmiendo. _____

5. El gato está sobre la mesa.
   El está durmiendo. _____

6. Todos duermen. _____

**Ejercicio 7. Mire, escuche y lea. Lea las palabras otra vez y escriba el número
del dibujo en el espacio en blanco correspondiente.**

1. El vestido _____

2. Los bomberos _____

3. Los vestidos _____

4. Los zapatos _____

5. Las papas _____

6. El zapato _____

7. La papa _____

8. El bombero _____

**Ejercicio 8. Mire, escuche y lea. Lea las frases otra vez y escriba el número
del dibujo en el espacio en blanco correspondiente.**

1. El padre ve al perro en la habitación. _____

2. En otra habitación, el padre ve al gato. _____

3. En otra habitación, el padre ve a la madre. _____

4. En otra habitación, el padre ve una camisa, una corbata y una chaqueta. _____

5. En otra habitación, el padre mira debajo de la cama. _____

6. El ve al bebé debajo de la cama. El bebé está comiendo una banana. _____

Ejercicio 9. Mire, escuche y lea. Lea las frases otra vez y escriba el número del dibujo en el espacio en blanco correspondiente.

1. El padre llega a la casa. _____
2. El abre la puerta. _____
3. El padre besa a la madre. _____

4. Después, él besa al bebé. _____
5. Después, él besa al perro. _____
6. Después, él besa al gato. _____

Ejercicio 10. Mire, escuche y lea. Lea las frases otra vez y escriba el número del dibujo en el espacio en blanco correspondiente.

1. "¿Dónde está el pan?"
   "Aquí está el pan." El pone el pan sobre la mesa. _____

2. "¿Dónde está la mantequilla?"
   "Aquí está la mantequilla." El pone la mantequilla sobre la mesa. _____

3. "¿Dónde está el cuchillo?"
   "Aquí está el cuchillo." El pone el cuchillo sobre la mesa. _____

Ejercicio 11. Mire, escuche y lea. Lea las frases otra vez y escriba el número del dibujo en el espacio en blanco correspondiente.

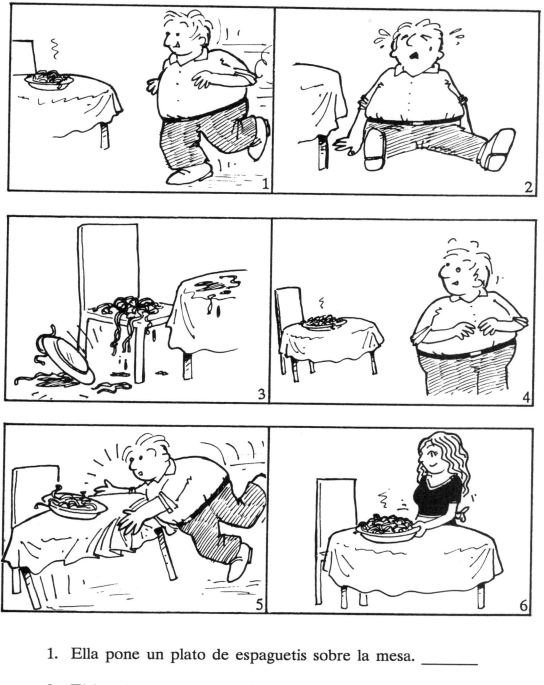

1. Ella pone un plato de espaguetis sobre la mesa. _____

2. El hombre gordo ve el plato de espaguetis sobre la mesa. _____

3. El tropieza con la mesa. _____

4. El corre hacia la mesa. _____

5. Los espaguetis están sobre la silla. _____

6. El hombre gordo llora. _____

48

Ejercicio 12. Mire, escuche y lea. Lea las frases otra vez y escriba el número del dibujo en el espacio en blanco correspondiente.

1. El bebé está comiendo. _____

2. La madre corre hacia el bebé. _____

3. El bebé llora. _____

4. La madre levanta al bebé. _____

5. La madre besa la oreja del bebé. _____

6. La madre besa la mano del bebé. _____

7. El bebé sigue llorando. _____

Ejercicio 13. Mire, escuche y lea. Lea las frases otra vez y escriba el número del dibujo en el espacio en blanco correspondiente.

1. El hombre está comiendo espaguetis. _____

2. El bebé está comiendo espaguetis. _____

3. La señora está bebiendo leche. _____

4. La niña está bebiendo leche. _____

5. El hombre corre. _____

6. La señora corre. _____

Ejercicio 14. Mire, escuche y lea. Lea las frases otra vez y escriba el número del dibujo en el espacio en blanco correspondiente.

1. "¿Dónde está el bebé?" _____

2. La madre mira debajo de la cama. _____

3. "El bebé está debajo de la cama." _____

4. "¿Dónde está el perro?" _____

5. La madre mira debajo de la mesa. _____

6. "El perro está debajo de la mesa." _____

50

Ejercicio 15. Ejercicio de completar. Escriba la palabra correcta en el espacio en blanco correspondiente.

durmiendo   más
abre   mantequilla
se quita   se pone

1. La señora _____ el sombrero.

2. La señora _____ el sombrero.

3. El hombre _____ la puerta.

4. El pan y la _____ están sobre la mesa.

5. El padre está en la cama. Está _____.

Lección 9

Repaso 1. Mire, escuche y lea.

1. La madre y el bebé están en la cocina.

2. "Pon el lápiz junto al tazón. ¡Bien!"

3. La madre corta el pan. "Pon el pan en el plato."

4. "Bien. Ahora, pon el huevo en el tazón."

5. El bebé deja caer el huevo.

6. El huevo está desparramado por el suelo.

7. "¡No, no, no!"

8. La madre tiene un trapo.   9. Ella limpia el suelo.

Repaso 2. Mire, escuche y lea.

1. La madre le da otro huevo al bebé. "Ahora, pon el huevo en el tazón grande."

2. El bebé toma el huevo. El tira el huevo.

3. El huevo está desparramado por la ventana. La madre tiene un trapo. Ella limpia la ventana.

4. El bebé quiere el helado. "No, come el huevo."

5. El bebé anda a gatas debajo de la mesa. El padre está durmiendo.

6. La madre da un azote al bebé. El bebé llora. El padre está durmiendo.

Repaso 3. Mire, escuche y lea.

1. La bebé quiere el vaso de leche. Ella tiene sed.

2. El padre le da el vaso de leche a la bebé.

3. La bebé bebe la leche.

4. La bebé quiere el frasco del remedio.

5. "¡No!"

6. La bebé llora.

Repaso 4. Mire, escuche y lea.

1. La bebé deja caer el huevo.

2. El huevo está desparramado por el suelo.

3. La madre busca un trapo.

4. El trapo está sobre la silla junto a la mesa.

5. "¡No, no, no!" Ella limpia el suelo.

6. La bebé corre a otra habitación.

7. Ella anda a gatas debajo de la cama.

8. La madre mira debajo de la cama.

9. La bebé y el perro están debajo de la cama.

54

Repaso 5. Mire, escuche y lea.

1. La casa

2. La puerta de la casa

3. La ventana de la casa

4. El suelo de la casa

Repaso 6. Mire, escuche y lea.

1. El bebé tira el frasco al suelo.

2. El recoge el frasco.

3. El tira el frasco al suelo otra vez.

4. El bebé tira el tazón al suelo.

5. El recoge el tazón.

6. El tira el tazón al suelo otra vez. "¡No, no, no!"

Repaso 7. Mire, escuche y lea.

1. El plato de comida está en la mesa.

2. El bebé pone el plato de comida en el suelo.

3. La madre recoge el plato de comida.

4. Ella pone el plato de comida sobre la mesa.

5. El bebé pone el plato de comida en el suelo otra vez.

6. "No, pon la comida sobre la mesa."

7. El bebé pone la comida debajo de la silla.

8. La madre mira debajo de la silla.
    "¡No, no, no!"

9. El bebé pone la comida sobre la mesa.
    "Bien."

Repaso 8. Mire, escuche y lea.

1. El bebé bueno come el huevo.

2. El bebé malo deja caer el huevo.

3. El bebé bueno come la banana.

4. El bebé malo tira la banana.

5. El bebé bueno bebe el vaso de leche.

6. El bebé malo le da la leche al perro.

Repaso 9. Mire, escuche y lea.

1. El padre está en la cocina.

2. El padre corta la carne.

3. El padre corta el pan.

4. El padre pone mantequilla en el pan.

5. El padre corta una manzana.

6. El padre corta una banana.

7. El padre corta un huevo.

8. El padre come la carne, el pan, la manzana y la banana.

9. El bebé tira el avión.

Repaso 10. Mire, escuche y lea.

1. La señora tiene un lápiz.

2. Ella le da el lápiz al hombre.

3. El padre tiene una banana.

4. El le da la banana al bebé.

5. El camarero tiene un menú y
    un plato de espaguetis.

6. El le da el menú al policía y
    el plato de espaguetis al hombre
    gordo.

58

1. El padre pone el plato de comida sobre la mesa.

2. "Ahora, pon el cuchillo junto al plato."

3. El niño pone el cuchillo junto al plato.

4. "Ahora, pon la cuchara junto al cuchillo."

5. El niño pone la cuchara junto al cuchillo.

6. "Ahora, el tenedor."

7. El niño pone el tenedor en el plato.

8. "No, pon el tenedor junto al plato."

9. El niño pone el tenedor junto al plato.

Repaso 12. Mire, escuche y lea.

1. "Aquí tienes un huevo. Pon el huevo en el plato."

2. El bebé tira el huevo.

3. El huevo está desparramado por la ventana.

4. La madre limpia la ventana.

5. "Aquí tienes otro huevo. Pon el huevo en el plato."

6. El bebé pone el huevo en el plato.

7. "Bien, bien."

8. Después, él tira el huevo.

9. El huevo está desparramado por el suelo.

Ejercicio 1. Mire, escuche y lea. Lea las frases otra vez y escriba el número
del dibujo en el espacio en blanco correspondiente.

1. El perro tiene un sombrero. _____

2. El bebé quiere el sombrero. _____

3. El le quita el sombrero al perro. _____

4. El bebé le da un azote al perro. _____

5. El tira el sombrero a otro bebé. _____

6. El bebé se pone el sombrero. _____

Ejercicio 2. Mire, escuche y lea. Lea las frases otra vez y escriba el número del dibujo en el espacio en blanco correspondiente.

1. El bebé está comiendo un huevo. El vaso de leche está junto al huevo. El está en la cocina. _____

2. El deja caer el huevo. _____

3. El bebé tiene un trapo. _____

4. El limpia el suelo. _____

5. "Bien." La madre le da otro huevo al bebé. _____

6. Después, ella besa al bebé. _____

62

Ejercicio 3. Mire, escuche y lea. Lea las frases otra vez y escriba el número
del dibujo en el espacio en blanco correspondiente.

1. El come pan. _____

2. El corta el pan. _____

3. El deja caer el pan. _____

4. El tira el pan. _____

5. El recoge el pan. _____

6. El trae el pan a la señora. _____

7. El le da el pan a la señora. _____

8. El pone mantequilla en el pan. _____

9. El pone el pan en el plato. _____

Ejercicio 4. Mire, escuche y lea. Lea el párrafo otra vez y escriba la letra
correcta en el espacio en blanco correspondiente.

El automóvil del bebé está en el suelo. El automóvil está junto a la banana del bebé.
La niña tiene un avión. El avión es grande. El avión está junto al bebé. El bebé quiere
el avión de la niña. El bebé tiene la mano sobre el avión de la niña.

1. ¿Dónde está el automóvil del bebé? _____   A. Sobre el avión de la niña.

2. ¿Dónde está la banana del bebé? _____   B. Junto al bebé.

3. ¿Dónde está el avión de la niña? _____   C. Junto al automóvil del bebé.

4. ¿Dónde está la mano del bebé? _____   D. En el suelo junto al bebé.

Ejercicio 5. Mire, escuche y lea. Lea las frases otra vez y escriba el número del dibujo en el espacio en blanco correspondiente.

1. La madre pone el huevo en el plato. _____

2. El bebé toma el huevo. _____

3. El tira el huevo. _____

4. El huevo está desparramado por la ventana. _____

5. La madre tiene un trapo. _____

6. La madre limpia la ventana. _____

Ejercicio 6. Mire, escuche y lea. Lea las frases otra vez y escriba el número del dibujo en el espacio en blanco correspondiente.

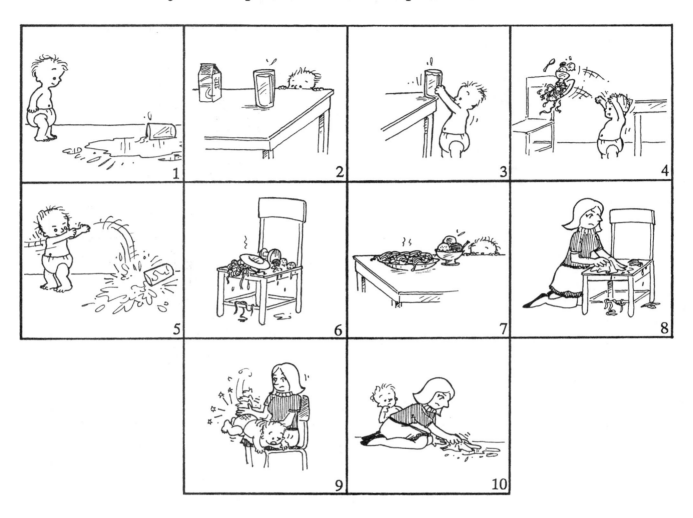

1. El vaso de leche está sobre la mesa. _____

2. El bebé toma el vaso de leche. _____

3. El bebé tira el vaso de leche al suelo. _____

4. La leche está desparramada por el suelo. _____

5. La madre limpia el suelo. _____

6. La comida está sobre la mesa. _____

7. El bebé tira la comida. _____

8. La comida está desparramada sobre la silla. _____

9. La madre limpia la silla. _____

10. La madre da un azote al bebé. El bebé llora. _____

Ejercicio 7. Mire, escuche y lea. Lea las frases otra vez y escriba el número del dibujo en el espacio en blanco correspondiente.

1. El le da el pan a la señora. _____

2. Ella le da el pan a la señora. _____

3. Ella le da el pan al hombre. _____

4. El le da el pan al hombre. _____

5. Ella le da el pan al hombre y después a la señora. _____

6. El le da el pan a la señora y después al hombre. _____

66

Ejercicio 8. Mire, escuche y lea. Lea las frases otra vez y escriba el número del dibujo en el espacio en blanco correspondiente.

1. El bebé anda a gatas debajo de la cama. _____

2. El bebé está comiendo una manzana debajo de la cama. _____

3. "¿Dónde está el bebé?" _____

4. La madre mira debajo de la cama. _____

5. Ahora el bebé está en la cama. _____

6. La madre besa la mano del bebé. _____

Ejercicio 9. Mire, escuche y lea. Lea las frases otra vez y escriba el número del dibujo en el espacio en blanco correspondiente.

1. El bebé está comiendo un huevo. _____

2. El huevo está en la boca del bebé. _____

3. Ahora, el huevo está en la oreja del bebé. _____

4. Ahora, el huevo está en la mano del bebé. _____

5. Ahora, el huevo está en el pecho del bebé. _____

6. La madre se ríe. _____

Ejercicio 10. Mire, escuche y lea. Lea las frases otra vez y escriba el número del dibujo en el espacio en blanco correspondiente.

1. El niño quiere el avión. _____

2. El padre le da el avión al niño. _____

3. El niño deja caer el avión. _____

4. El padre recoge el avión. _____

5. El niño llora. _____

6. El padre le compra otro avión al niño. _____

Ejercicio 11. Mire, escuche y lea. Lea las frases otra vez y escriba el número del dibujo en el espacio en blanco correspondiente.

1. El bebé pone un trapo debajo de la silla. _____

2. "Aquí tienes un huevo." _____

3. El bebé deja caer el huevo. _____

4. La madre busca el trapo. _____

5. Ella mira debajo de la mesa. _____

6. Ella ve el trapo debajo de la silla. _____

Ejercicio 12. Mire, escuche y lea. Lea las frases otra vez y escriba el número del dibujo en el espacio en blanco correspondiente.

1. La ventana de la casa es grande. _____

2. La ventana de la casa es pequeña. _____

3. La puerta de la casa es grande. _____

4. La cocina es pequeña. _____

5. La cocina es grande. _____

6. Los sombreros están en el suelo. _____

Ejercicio 13. **Mire, escuche y lea.** Lea las frases otra vez y escriba el número del dibujo en el espacio en blanco correspondiente.

1. Todos comen espaguetis. _____

2. "Fuego, fuego." Todos ven el incendio. _____

3. El hombre gordo sigue comiendo. El está comiendo espaguetis. _____

4. El camarero corre hacia la puerta. _____

5. El hombre gordo sigue comiendo. El está comiendo carne. _____

6. La señora corre hacia la puerta. _____

7. El hombre gordo sigue comiendo. El está comiendo un huevo. _____

8. El piloto corre hacia la puerta. _____

9. El hombre gordo sigue comiendo. El está comiendo una banana. _____

Ejercicio 14.   Mire, escuche y lea.   Lea las frases otra vez y escriba el número del dibujo en el espacio en blanco correspondiente.

1. El bebé deja caer el plato de carne al suelo. _____

2. El camarero recoge el plato de carne. _____

3. "¡No, no, no!" El camarero pone el plato de carne sobre la mesa. _____

4. El bebé se ríe. _____

5. El padre le da un azote al bebé. _____

6. Ahora, el bebé llora y el camarero se ríe. _____

Ejercicio 15.   Mire, escuche y lea.   Lea las frases otra vez y escriba el número del dibujo en el espacio en blanco correspondiente.

1. El hombre limpia la mesa. _____

2. El hombre corta el pan. _____

3. El pone mantequilla en el pan. _____

4. El come un huevo. _____

5. Ahora, él bebe una taza de café. _____

6. El deja caer la taza de café en el vestido de la señora. _____

Ejercicio 16. Mire, escuche y lea. Lea las frases otra vez y escriba el número del dibujo en el espacio en blanco correspondiente.

1. "Aquí tiene el menú." _____

2. El camarero le da el menú al hombre. _____

3. "Un helado, por favor." _____

4. El camarero trae un helado a la mesa del hombre. _____

5. El pone el helado sobre la mesa del hombre. _____

6. "Aquí tiene una cuchara." _____

7. El niño quiere el helado del hombre. _____

8. El niño toma el helado. _____

9. Después, él deja caer el helado en la camisa del hombre. _____

Ejercicio 17. Mire, escuche y lea. Lea las frases otra vez y escriba el número del dibujo en el espacio en blanco correspondiente.

1. El niño y la niña ven una casa pequeña. _____

2. La casa está debajo de un árbol pequeño. _____

3. El árbol pequeño está debajo de un árbol grande. _____

4. El árbol grande está debajo de la mano del hombre. _____

Ejercicio 18. Mire, escuche y lea. Lea las frases otra vez y escriba el número del dibujo en el espacio en blanco correspondiente.

1. El bebé ve el automóvil. _____

2. El automóvil está en la calle. _____

3. El bebé entra en el automóvil. _____

4. El policía está durmiendo. _____

5. El bebé maneja el automóvil. _____

6. Ahora, el policía maneja el automóvil. _____

Ejercicio 19.   Mire, escuche y lea.   Lea las frases otra vez y escriba el número del dibujo en el espacio en blanco correspondiente.

1.   "Pon esta cuchara pequeña en el tazón." La cuchara grande está sobre la mesa. _____

2.   El bebé pone la cuchara pequeña en el tazón y le da la cuchara grande al padre. _____

3.   El padre está comiendo un helado grande. _____

4.   El bebé está comiendo un helado pequeño. _____

5.   Ahora, el bebé quiere el helado del padre. _____

6.   "No, aquí tienes un vaso de leche." _____

7.   El bebé deja caer el vaso de leche al suelo. _____

8.   "¡No, no, no!" El padre sigue comiendo el helado. _____

9.   El padre tiene un trapo. _____

10. Ahora, él limpia el suelo. _____

Ejercicio 20. Ejercicio de completar. Escriba la palabra correcta en el espacio en blanco correspondiente.

habitación   comida

señora   ropa

tienda   hombre

1. La cama está en la _____.

2. La vendedora es una _____.

3. El vendedor es un _____.

4. El helado es _____.

5. La camisa, la corbata y el vestido son _____.

Lección 10

Repaso 1. Mire, escuche y lea.

1. El aeropuerto   2. El avión   3. El pasaje

4. El piloto   5. La azafata   6. El pasajero

7. Los pasajeros   8. El suelo del avión   9. La ventanilla del avión

Repaso 2. Mire, escuche y lea.

1. "El aeropuerto."

2. La señora tiene un pasaje. Ella le da el pasaje al hombre.

3. La señora se sienta. El hombre viejo se sienta.

4. El piloto está en el avión. El avión despega.

5. El piloto pilota el avión.

6. La señora es una pasajera. El hombre viejo es un pasajero. La señora está bebiendo café y el hombre viejo está durmiendo.

7. La azafata sirve espaguetis al hombre gordo.

8. La azafata sirve helado y torta a un niño. El helado y la torta están en la bandeja. El helado es un postre. La torta es un postre.

9. La señora derrama el café sobre el hombre viejo. A ella le da vergüenza.

Repaso 3. Mire, escuche y lea.

1. El niño tiene un mono. El mono tiene una banana en la mano.

2. La niña está junto al niño. La azafata sirve carne y papas a la niña.

3. La azafata deja caer la bandeja.

4. La comida está desparramada en el vestido de la niña. A la azafata le da vergüenza.

5. El hombre viejo se vuelve.

6. El ve la comida en el vestido de la niña.

Repaso 4. Mire, escuche y lea.

1. "¿Café?"

   "Sí, por favor."

2. La señora bebe el café y mira a una nube. El sol está junto a la nube.

3. "¿Café o leche?"

   "Leche, por favor."

4. La azafata sirve un vaso de leche al hombre.

5. "Azafata, por favor."

6. "¿Más café?"

   "Sí, por favor." La azafata sirve café a la señora otra vez.

Repaso 5. Mire, escuche y lea.

1. "¿Más espaguetis?"
   "No, no más espaguetis." El hombre gordo está enfermo.

2. "Doctor, por favor venga aquí."

3. El médico pone la mano sobre el estómago del hombre gordo. El le da el remedio al hombre gordo.

4. Otro pasajero está comiendo espaguetis.

5. Deja caer su libro.

6. La azafata recoge el libro.

7. El bebé está en el avión.

8. El bebé anda a gatas hacia su madre.

9. Ella levanta al bebé.

Ejercicio de ampliación 1. Mire, escuche y lea.

1. Un hombre o una señora 2. Un hombre y una señora 3. Una mesa o una silla

4. La taza y el vaso están sobre la mesa. 5. El niño quiere la taza o el vaso. 6. La niña le da el vaso al niño.

7. La taza y el vaso están sobre la mesa. 8. La niña quiere la taza y el vaso. 9. El le da la taza y el vaso a la niña.

Ejercicio de ampliación 2. Mire, escuche y lea.

1. Su perro está sobre la mesa.

2. Sus zapatos son grandes.

3. Su madre está bebiendo leche.

4. Su padre tiene fiebre.

5. Su chaqueta es demasiado pequeña.

6. Sus pantalones son demasiado grandes.

7. Su gato está durmiendo debajo de la mesa.

8. Su cuchillo es grande. El está cortando la carne.

9. Su cuchara es grande. El está comiendo helado.

Ejercicio de ampliación 3. Mire, escuche y lea.

1. La torta es un postre. 2. El helado es un postre. 3. El camarero sirve el postre a la señora.

Ejercicio de ampliación 4. Mire, escuche y lea.

1. El hombre está bebiendo una taza de café.

2. El deja caer la taza.

3. El derrama el café sobre la mesa.

4. El hombre tiene un trapo.

5. El limpia el café.

6. El niño tira el vaso.

7. Su madre ve el vaso en el suelo.

8. El niño recoge el vaso.

9. El limpia el agua del suelo.

Ejercicio de ampliación 5. Mire, escuche y lea.

1. El está sentado en una silla.

2. Ella está sentada sobre la cama.

3. El está sentado en el automóvil.

4. Ella está sentada en el avión.

5. El niño y la niña están sentados en el autobús.

6. El bebé está sentado sobre el perro.

Ejercicio de ampliación 6. Mire, escuche y lea.

1. La señora mira por la ventana. Ella ve un mono, un perro y un gato.

2. El hombre mira por la ventana. El ve un perro. El gato está sentado sobre el perro.

3. La señora mira al hombre. El tiene orejas grandes.

4. La azafata mira al mono. El tiene una banana en la boca.

5. El piloto mira por la ventanilla. El ve un incendio.

6. La madre del bebé mira a la ventana. Ella ve el huevo y el helado desparramados por la ventana.

Ejercicio de ampliación 7.   Mire, escuche y lea.

1. El plato de carne está
    en la bandeja.

2. El camarero gordo deja caer
    la bandeja.

3.   Una señora se vuelve.

4. Ella ve el plato de carne
    en el suelo.

5. El postre está en la
    bandeja.

6. El camarero delgado deja caer
    la bandeja.

7. La señora se vuelve
    otra vez.

8. Ella ve el helado y la
    torta en el suelo.

9. Después, ella mira al camarero delgado y
    al camarero gordo. El camarero delgado
    y el camarero gordo están llorando. A
    los camareros les da vergüenza.

Ejercicio de ampliación 8. Mire, escuche y lea.

1. El mono ve al hombre.

2. El mono le da una banana al hombre.

3. Al hombre le da vergüenza. Todos se ríen.

Ejercicio de ampliación 9. Mire, escuche y lea.

1. "¡Mira! El mono."

2. "¿Dónde?"

3. "El está sentado sobre el automóvil del hombre."

Ejercicio de ampliación 10. Mire, escuche y lea.

1. "¿Dónde está el bebé?"

2. "El bebé está debajo de la mesa."

3. Ahora, el bebé anda a gatas debajo de la cama.

Ejercicio de ampliación 11. Mire, escuche y lea.

1. El avión despega.

2. La azafata sirve el café al hombre.

3. El avión aterriza.

Ejercicio 1. Mire, escuche y lea. Lea las palabras otra vez y escriba el número del dibujo en el espacio en blanco correspondiente.

1. El suelo del avión _____

2. Las nubes _____

3. La nube _____

4. El suelo de la cocina _____

5. El sol _____

6. La bandeja de la comida _____

7. La torta _____

8. Su mono _____

9. Su estómago _____

10. Su pecho _____

Ejercicio 2. Mire, escuche y lea. Lea las palabras otra vez y escriba el número del dibujo en el espacio en blanco correspondiente.

1. El postre _____

2. El libro _____

3. El trapo _____

4. La ventana _____

5. El pasajero _____

6. El frasco del remedio _____

7. La banana y el pan _____

8. El pan y la mantequilla _____

9. Su pasaje _____

10. La azafata _____

Ejercicio 3. Mire, escuche y lea. Lea las frases otra vez y escriba el número del dibujo en el espacio en blanco correspondiente.

1. El hombre tiene hambre. El se sienta. _____

2. El come carne y bebe café. _____

3. El se vuelve. _____

4. El ve un mono. El mono tiene la banana en la mano. _____

5. Un bebé anda a gatas debajo de la mesa. _____

6. El hombre derrama el café en su mano. _____

7. El deja caer su comida, su tenedor, el cuchillo y la cuchara al suelo. _____

8. El camarero está sirviendo a otro hombre. _____

9. Después, el camarero deja caer la bandeja. _____

Ejercicio 4. Mire, escuche y lea. Lea las frases otra vez y escriba el número del dibujo en el espacio en blanco correspondiente.

1. El camarero ve la comida en el suelo. _____

2. Al camarero le da vergüenza. _____

3. El camarero pone la bandeja en el suelo. _____

4. El pone el tenedor, el cuchillo, la cuchara, el plato y la comida en la bandeja. _____

5. El camarero trae otra bandeja con comida. _____

6. El pone el plato con comida sobre la mesa del hombre. _____

Ejercicio 5. Mire, escuche y lea. Lea las frases otra vez y escriba el número del dibujo en el espacio en blanco correspondiente.

1. El maneja su automóvil hacia el aeropuerto. _____

2. El le da el pasaje a la señora. _____

3. Los pasajeros están sentados en el avión. _____

4. El avión despega. _____

5. La azafata sirve el café al hombre. _____

6. El avión aterriza. _____

Ejercicio 6. Mire, escuche y lea. Lea las frases otra vez y escriba el número del dibujo en el espacio en blanco correspondiente.

1. El camarero ve al hombre con su mono. El hombre tiene hambre. Y su mono tiene hambre. _____

2. El camarero le da un menú al hombre y otro menú al mono. _____

3. Los espaguetis y la banana están en la bandeja. _____

4. El camarero sirve los espaguetis al hombre y la banana al mono. _____

5. "Camarero, por favor." El camarero viene a la mesa del hombre. _____

6. "Otro plato de espaguetis y otra banana, por favor." _____

Ejercicio 7. Mire, escuche y lea. Lea las frases otra vez y escriba el número del dibujo en el espacio en blanco correspondiente.

1. El camarero trae otro plato de espaguetis y otra banana a la mesa del hombre. _____

2. El pone la bandeja sobre la mesa del hombre. _____

3. Después, él sirve la banana al hombre y los espaguetis al mono. _____

4. "¡No! El mono no come espaguetis." _____

5. Una señora se vuelve. _____

6. Ella se ríe. Al camarero le da vergüenza. _____

Ejercicio 8. Mire, escuche y lea. Lea las frases otra vez y escriba el número del dibujo en el espacio en blanco correspondiente.

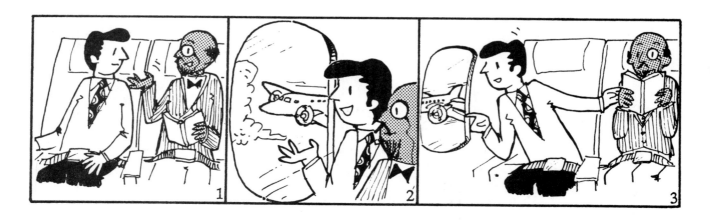

1. "Un avión." _____

2. "¿Dónde está el avión?" _____

3. "Junto a la nube." _____

Ejercicio 9. Mire, escuche y lea. Lea las frases otra vez y escriba el número del dibujo en el espacio en blanco correspondiente.

1. "¿Dónde está el postre?" _____

2. "Sobre la mesa." _____

3. El sirve el postre a su madre y a su padre. _____

Ejercicio 10. Mire, escuche y lea. Lea el párrafo otra vez y conteste las preguntas.

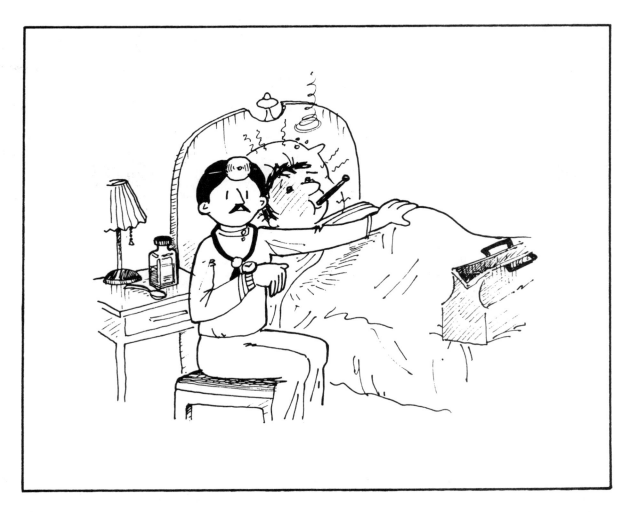

El hombre gordo está enfermo. El médico tiene la mano en el estómago del hombre gordo. El frasco del remedio está sobre la mesa junto a la cama. El hombre gordo tiene el termómetro en la boca.

1. "¿Dónde tiene la mano el médico?"

2. "¿Dónde está el termómetro?"

3. "¿Dónde está el frasco del remedio?"

Ejercicio 11. Mire, escuche y lea. Lea el párrafo otra vez y escriba la letra correcta en el espacio en blanco correspondiente.

El hombre es un pasajero del avión. El tiene un libro en la mano. Un policía está junto al hombre. El tiene una banana en la mano. El bebé está en el suelo del avión. El frasco está junto al bebé.

1. ¿Dónde está el hombre? _____   A. Junto al bebé

2. ¿Dónde está el libro del hombre? _____   B. En la mano

3. ¿Dónde está la banana? _____   C. En la mano del policía

4. ¿Dónde está el bebé? _____   D. En el suelo del avión

5. ¿Dónde está el frasco del bebé? _____   E. En el avión

Ejercicio 12. Mire, escuche y lea. Lea las frases otra vez y escriba el número del dibujo en el espacio en blanco correspondiente.

1. El bebé está en el suelo. _____

2. La madre levanta al bebé. _____

3. El bebé toma un cuchillo de la mesa. _____

4. La madre le quita el cuchillo. El bebé llora. _____

5. El bebé toma una papa del plato. _____

6. El bebé deja caer la papa al suelo. _____

7. La madre recoge la papa. _____

8. El bebé anda a gatas debajo de la mesa. _____

9. El padre levanta al bebé. _____

10. El bebé come la papa. _____

Ejercicio 13. Ejercicio de completar. Rellene el espacio en blanco con la palabra correcta.

la   otra vez
derrama   está
ve   da

1. El hombre le _____ el frasco al bebé.

2. Un libro _____ en el suelo.

3. La señora está bebiendo leche _____.

4. _____ comida está sobre la mesa.

5. Ella _____ al mono.

REPASO
De las lecciones 1 a 10

Repaso 1.   Mire, escuche y lea.

1. El cuchillo, el tenedor y la cuchara están sobre la mesa.

2. El camarero pone un plato sobre la mesa.

3. Una señora gorda se sienta. Ella tiene hambre.

4. El camarero le da el menú a la señora.

5. Los espaguetis, la carne y el vaso de leche están en la bandeja.

6. El camarero sirve los espaguetis a la señora. El pone los espaguetis sobre el plato.

7. El pone el vaso de leche junto al plato, el plato de carne junto al vaso de leche y el pan junto al plato de carne.

8. "Camarero, ¿dónde está el tenedor?"

9. "El tenedor está junto al plato."

Repaso 2. Mire, escuche y lea.

1. "Camarero, otro vaso de leche, por favor."

2. La señora pone mantequilla en el pan.

3. El camarero trae otro vaso de leche.

4. El camarero deja caer la bandeja. La leche se derrama por el suelo.

5. A él le da vergüenza.

6. Otro camarero está sirviendo el postre. El sirve torta a la señora y helado al hombre.

Repaso 3. Mire, escuche y lea.

1. La señora gorda se vuelve. Ella ve el vaso de leche en el suelo.

2. Al camarero le da vergüenza. El tiene un trapo. El limpia la leche.

3. El camarero trae otro vaso de leche. El pone el vaso sobre la mesa junto al plato de carne.

4. La señora gorda ve un perro. El está durmiendo debajo de la mesa. Ella ve a un bebé. El bebé anda a gatas debajo de otra mesa.

5. El bebé está llorando. La madre del bebé levanta al bebé.

6. Ella le pone el termómetro en la boca.

7. El bebé está enfermo. El tiene fiebre.

8. Ella besa la mano del bebé y la oreja del bebé.

9. Ella besa el pecho del bebé y el estómago del bebé.

Repaso 4. Mire, escuche y lea.

1. La señora gorda está comiendo un huevo y pan.

2. El postre es helado y torta. Ella come el helado y la torta.

3. Ella ve un vestido en la tienda de ropas.

4. El vestido es demasiado pequeño.

5. La vendedora trae otro vestido.

6. El vestido le está bien. La chaqueta del hombre es demasiado pequeña.

7. La señora compra el vestido. La chaqueta, el vestido y los pantalones son ropa.

8. Ella está comprando pan y pescado en una tienda de comida. Todos están comprando pan y pescado.

9. Ella entra en el automóvil. Ella está manejando hacia su casa.

Repaso 5. Mire, escuche y lea.

1. Ella sale del automóvil.　　2. Ella abre la puerta de la casa.

3. El padre, el bebé, el mono y el perro están durmiendo. El avión está junto al bebé.
El sombrero del padre está junto al bebé. El sombrero es grande.

4. La señora pone la comida sobre la mesa junto a la taza de café.

5. El árbol está junto a la casa. Ella ve al mono en el árbol.

6. El mono deja caer la banana.

7. "¡No, no, no!"

8. Ella le da azotes al mono.

9. El mono llora.

Repaso 6. Mire, escuche y lea.

1. El piloto pilota el avión.

2. El pasajero está en el avión.

3. El mira por la ventanilla.

4. El pasajero ve un incendio y ve a los bomberos.

5. El pasajero ve una nube junto al sol.

6. El ve una casa. El ve un autobús.

Ejercicio 1. Mire, escuche y lea. Lea las frases otra vez y escriba el número del dibujo en el espacio en blanco correspondiente.

1. El policía está comiendo carne y bebiendo un vaso de leche. _____

2. El ve al bebé en el suelo. _____

3. El levanta al bebé. _____

4. El le da el bebé a su madre. _____

5. La madre del bebé tiene el termómetro en la mano. _____

6. Ella le pone el termómetro al bebé en la boca. _____

Ejercicio 2. Mire, escuche y lea. Lea las frases otra vez y escriba el número del dibujo en el espacio en blanco correspondiente.

1. El bombero tiene hambre. El se sienta. _____

2. El bombero come carne y bebe un vaso de leche. _____

3. El camarero sirve al bombero otro vaso de leche. _____

4. El bombero deja caer el vaso de leche al suelo. _____

5. La señora se vuelve. _____

6. Ella ve la leche en el suelo. _____

7. Al bombero le da vergüenza. _____

8. Todos se ríen. _____

9. Todos beben leche. _____

Ejercicio 3. Mire, escuche y lea. Lea las frases otra vez y escriba el número del dibujo en el espacio en blanco correspondiente.

1. La señora está comprando una torta. _____

2. El hombre está comprando una manzana. _____

3. El niño está comprando un helado. _____

4. El policía está comprando un remedio. _____

5. El abre la puerta de su casa. _____

6. El se sienta. _____

7. El corta el pan. _____

8. El bebe la leche. _____

9. El derrama la leche. _____

Hoja de Respuestas
(Answer Key)

Basic Structures, Spanish, Book 1

Lecciones 1 y 2

Ejercicio 1	Ejercicio 2	Ejercicio 3	Ejercicio 4	Ejercicio 5
1. 3	1. 4	1. 5	1. 4	1. está comiendo
2. 5	2. 1	2. 1	2. 3	2. en
3. 1	3. 5	3. 4	3. 6	3. mesa
4. 6	4. 2	4. 6	4. 2	4. niño
5. 4	5. 6	5. 3	5. 1	5. y
6. 2	6. 3	6. 2	6. 5	

Lecciones 3 y 4

Ejercicio 1	Ejercicio 2	Ejercicio 3	Ejercicio 4
1. 4	1. 6	1. 3	1. 3
2. 3	2. 1	2. 1	2. 1
3. 6	3. 4	3. 2	3. 2
4. 2	4. 5		
5. 1	5. 3		
6. 5	6. 2		

Ejercicio 5	Ejercicio 6	Ejercicio 7	Ejercicio 8	Ejercicio 9
1. 7	1. 6	1. 2	1. 4	1. 5
2. 3	2. 4	2. 5	2. 6	2. 4
3. 4	3. 1	3. 7	3. 8	3. 9
4. 9	4. 7	4. 1	4. 3	4. 3
5. 2	5. 9	5. 9	5. 1	5. 7
6. 8	6. 2	6. 3	6. 2	6. 2
7. 1	7. 8	7. 8	7. 9	7. 8
8. 5	8. 5	8. 4	8. 5	8. 6
9. 6	9. 3	9. 6	9. 7	9. 1

Ejercicio 10	Ejercicio 11
1. calle	1. la
2. pone	2. del médico
3. en	3. de
4. más	4. en
5. grande	5. autobús

Lecciones 5 y 6

Ejercicio 1	Ejercicio 2	Ejercicio 3	Ejercicio 4	Ejercicio 5
1. 4	1. 6	1. 5	1. 5	1. 4
2. 3	2. 1	2. 2	2. 2	2. 2
3. 5	3. 2	3. 1	3. 4	3. 3
4. 1	4. 4	4. 6	4. 3	4. 1
5. 6	5. 5	5. 3	5. 6	
6. 2	6. 3	6. 4	6. 1	

Ejercicio 6	Ejercicio 7	Ejercicio 8	Ejercicio 9	Ejercicio 10
1. 6	1. 2	1. 2	1. 5	1. 2
2. 7	2. 5	2. 3	2. 3	2. 4
3. 9	3. 3	3. 4	3. 4	3. 1
4. 8	4. 6	4. 5	4. 6	4. 3
5. 4	5. 4	5. 1	5. 1	5. 6
6. 5	6. 1	6. 6	6. 2	6. 5
7. 2				
8. 3				
9. 1				

Ejercicio 11	Ejercicio 12	Ejercicio 13	Ejercicio 14
1. 3	1. 9	1. manejando	1. Todos
2. 1	2. 8	2. otra	2. entra
3. 2	3. 7	3. comprando	3. trae
4. 6	4. 4	4. El	4. chaqueta
5. 4	5. 6	5. sale	5. del
6. 5	6. 3		
	7. 5		
	8. 2		
	9. 1		

Lección 7

Ejercicio 1

1. 3
2. 5
3. 1
4. 4
5. 2

Ejercicio 2

1. 5
2. 3
3. 1
4. 4
5. 2
6. 8
7. 7
8. 9
9. 6

Ejercicio 3

1. 6
2. 4
3. 12
4. 9
5. 11
6. 8
7. 1
8. 10
9. 3
10. 5
11. 2
12. 7

Ejercicio 4

1. 2
2. 1
3. 3

Ejercicio 5

1. 9
2. 8
3. 2
4. 6
5. 7
6. 5
7. 1
8. 4
9. 3

Ejercicio 6

1. 5
2. 6
3. 1
4. 4
5. 2
6. 3

Ejercicio 7

1. 1
2. 6
3. 5
4. 3
5. 4
6. 2

Ejercicio 8

1. 9
2. 3
3. 2
4. 7
5. 8
6. 4
7. 1
8. 6
9. 5

Ejercicio 9

1. 1
2. 2

Ejercicio 10

1. 4
2. 6
3. 5
4. 1
5. 3
6. 2

Ejercicio 11

1. 6
2. 2
3. 5
4. 4
5. 1
6. 3

Ejercicio 12

1. 2
2. 3
3. 5
4. 6
5. 1
6. 4

Ejercicio 13

1. 2
2. 4
3. 1
4. 6
5. 9
6. 8
7. 7
8. 5
9. 3

Ejercicio 14

1. 6
2. 2
3. 5
4. 3
5. 1
6. 4

Ejercicio 15

1. ve
2. sobre
3. comida
4. cama
5. despega

Lección 8

Ejercicio 1	Ejercicio 2	Ejercicio 3	Ejercicio 4	Ejercicio 5
1. 1	1. 2	1. 3	1. 5	1. C
2. 3	2. 6	2. 2	2. 3	2. D
3. 2	3. 9	3. 1	3. 1	3. A
	4. 7		4. 2	4. B
	5. 3		5. 4	
	6. 4		6. 6	
	7. 1			
	8. 8			
	9. 5			

Ejercicio 6	Ejercicio 7	Ejercicio 8	Ejercicio 9	Ejercicio 10
1. 5	1. 2	1. 2	1. 6	1. 3
2. 1	2. 5	2. 3	2. 3	2. 2
3. 3	3. 7	3. 6	3. 4	3. 1
4. 4	4. 1	4. 4	4. 1	
5. 6	5. 3	5. 5	5. 2	
6. 2	6. 4	6. 1	6. 5	
	7. 6			
	8. 8			

Ejercicio 11	Ejercicio 12	Ejercicio 13	Ejercicio 14	Ejercicio 15
1. 6	1. 3	1. 6	1. 6	1. se pone
2. 4	2. 6	2. 4	2. 1	2. se quita
3. 5	3. 5	3. 2	3. 5	3. abre
4. 1	4. 7	4. 3	4. 2	4. mantequilla
5. 3	5. 2	5. 1	5. 3	5. durmiendo
6. 2	6. 1	6. 5	6. 4	
	7. 4			

Lección 9

Ejercicio 1	Ejercicio 2	Ejercicio 3	Ejercicio 4	Ejercicio 5
1. 5	1. 4	1. 2	1. D	1. 2
2. 3	2. 5	2. 8	2. C	2. 5
3. 6	3. 6	3. 3	3. B	3. 4
4. 1	4. 1	4. 7	4. A	4. 3
5. 4	5. 2	5. 6		5. 1
6. 2	6. 3	6. 5		6. 6
		7. 9		
		8. 1		
		9. 4		

Ejercicio 6	Ejercicio 7	Ejercicio 8	Ejercicio 9	Ejercicio 10
1. 2	1. 1	1. 5	1. 3	1. 3
2. 3	2. 4	2. 4	2. 5	2. 6
3. 5	3. 2	3. 3	3. 6	3. 5
4. 1	4. 5	4. 1	4. 2	4. 2
5. 10	5. 3	5. 2	5. 1	5. 1
6. 7	6. 6	6. 6	6. 4	6. 4
7. 4				
8. 6				
9. 8				
10. 9				

Ejercicio 11	Ejercicio 12	Ejercicio 13	Ejercicio 14	Ejercicio 15
1. 3	1. 6	1. 4	1. 5	1. 3
2. 5	2. 4	2. 3	2. 2	2. 1
3. 1	3. 2	3. 2	3. 6	3. 2
4. 2	4. 3	4. 6	4. 3	4. 6
5. 6	5. 5	5. 7	5. 1	5. 5
6. 4	6. 1	6. 1	6. 4	6. 4
		7. 5		
		8. 8		
		9. 9		

Ejercicio 16	Ejercicio 17	Ejercicio 18	Ejercicio 19	Ejercicio 20
1. 5	1. 4	1. 3	1. 6	1. habitación
2. 6	2. 2	2. 5	2. 3	2. señora
3. 7	3. 3	3. 4	3. 10	3. hombre
4. 3	4. 1	4. 1	4. 2	4. comida
5. 2		5. 2	5. 5	5. ropa
6. 8		6. 6	6. 7	
7. 4			7. 9	
8. 9			8. 8	
9. 1			9. 4	
			10. 1	

Lección 10

Ejercicio 1	Ejercicio 2	Ejercicio 3	Ejercicio 4	Ejercicio 5	Ejercicio 6
1. 5	1. 10	1. 4	1. 4	1. 6	1. 2
2. 6	2. 6	2. 5	2. 1	2. 1	2. 5
3. 4	3. 2	3. 7	3. 2	3. 4	3. 4
4. 3	4. 9	4. 6	4. 5	4. 5	4. 1
5. 8	5. 1	5. 2	5. 6	5. 3	5. 6
6. 1	6. 4	6. 8	6. 3	6. 2	6. 3
7. 2	7. 7	7. 3			
8. 10	8. 5	8. 9			
9. 9	9. 8	9. 1			
10. 7	10. 3				

Ejercicio 7	Ejercicio 8	Ejercicio 9
1. 1	1. 3	1. 3
2. 3	2. 1	2. 2
3. 4	3. 2	3. 1
4. 2		
5. 6		
6. 5		

Ejercicio 10

1. La mano del médico está en el estómago del hombre gordo.
2. El termómetro está en la boca del hombre gordo.
3. El frasco del remedio está sobre la mesa junto a la cama.

Ejercicio 11	Ejercicio 12		Ejercicio 13
1. E	1. 7	6. 4	1. da
2. B	2. 8	7. 5	2. está
3. C	3. 10	8. 6	3. otra vez
4. D	4. 9	9. 2	4. la
5. A	5. 3	10. 1	5. ve

Review, Lesssons 1 through 10

Review Test 1	Review Test 2	Review Test 3
1. 2	1. 2	1. 9
2. 5	2. 9	2. 1
3. 3	3. 5	3. 6
4. 6	4. 6	4. 2
5. 4	5. 4	5. 4
6. 1	6. 3	6. 3
	7. 1	7. 7
	8. 8	8. 8
	9. 7	9. 5

Vocabulario

El vocabulario de THE LEARNABLES y de BASIC STRUCTURES es el siguiente:

THE LEARNABLES

Lección 1

1. automóvil
2. avión
3. carne
4. casa
5. comiendo
6. el
7. está
8. grande
9. la
10. lápiz
11. manzana
12. mesa
13. médico
14. pan
15. pequeña
16. pequeño
17. señora
18. y

Lección 2

1. cuchillo
2. de
3. del
4. en
5. huevo
6. mano
7. niño
8. oreja
9. pescado
10. silla
11. sobre
12. taza
13. tenedor

BASIC STRUCTURES: *Lecciones 1 y 2*

No hay vocabulario nuevo.

Vocabulario

THE LEARNABLES

Lección 3

1. agua
2. árbol
3. autobús
4. banana
5. bebiendo
6. café
7. calle
8. camisa
9. debajo de
10. hombre
11. tazón

Lección 4

1. bebe
2. camarero
3. come
4. corbata
5. cuchara
6. después
7. menú
8. más
9. niña
10. plato
11. pone
12. trae
13. una
14. vaso
15. vestido

BASIC STRUCTURES: Lecciones 3 y 4

1. un

Vocabulario

THE LEARNABLES

Lección 5

1. bien
2. chaqueta
3. compra
4. delgado
5. demasiado
6. es
7. espaguetis
8. están
9. gordo
10. grandes
11. helado
12. le
13. los
14. otra
15. otro
16. pantalones
17. pequeños
18. por favor
19. ríe
20. ríen
21. se
22. son
23. todos
24. unos
25. vendedor

Lección 6

1. a
2. adiós
3. al
4. bombero
5. bomberos
6. entra
7. él (appears as El)
8. fuego
9. hambre
10. incendio
11. maneja
12. perro
13. pilota
14. piloto
15. policía
16. sale
17. salen
18. tiene
19. ve
20. ven
21. vienen

BASIC STRUCTURES: *Lecciones 5 y 6*

1. comen
2. comprando
3. delgada
4. él
5. gorda
6. manejando
7. otros
8. viene

Vocabulario

THE LEARNABLES

Lección 7

1. bebé
2. besa
3. boca
4. cama
5. comida
6. despega
7. ella
8. enfermo
9. fiebre
10. frasco
11. llorando
12. madre
13. papa
14. pecho
15. quita
16. remedio
17. sigue
18. termómetro
19. zapatos

BASIC STRUCTURES: *Lección 7*

1. enferma
2. las
3. llora
4. papas
5. tienen
6. zapato

Lección 8

1. abre
2. aquí
3. besan
4. con
5. corre
6. duermen
7. durmiendo
8. dónde
9. habitación
10. leche
11. levanta
12. llega
13. mantequilla
14. mira
15. padre
16. puerta
17. ropa
18. sed
19. sombrero
20. sombreros
21. tienda
22. todavía
23. toma
24. tropieza
25. vendedora
26. vestidos

BASIC STRUCTURES: *Lección 8*

1. gato
2. pilotando
3. hacia

Vocabulario

THE LEARNABLES

Lección 9

1. ahora
2. anda a gatas
3. azote
4. busca
5. cocina
6. corta
7. da
8. deja caer
9. desparramado
10. esta
11. junto a
12. limpia

13. no
14. oh
15. pon
16. por
17. quiere
18. suelo
19. tienes
20. tira
21. trapo
22. ventana
23. vez

BASIC STRUCTURES: Lección 9

1. desparramada
2. bueno
3. malo

Vocabulario

THE LEARNABLES

Lección 10

1. aeropuerto
2. azafata
3. bandeja
4. beben
5. derrama
6. doctor
7. estómago
8. libro
9. mono
10. nubes
11. o
12. pasaje
13. pasajera
14. pasajero
15. postre
16. recoge
17. señorita
18. sienta
19. sirve
20. sol
21. sí
22. torta
23. venga
24. ventanilla
25. vergüenza
26. vieja
27. viejo
28. vuelve

BASIC STRUCTURES: *Lección 10*

1. azotes
2. aterriza
3. camareros
4. cortando
5. desparramados
6. les
7. ropas
8. nube
9. orejas
10. pasajeros
11. sentada
12. sentado
13. sentados
14. sirviendo
15. su
16. sus